Sültz Bücher

AF187500

Lärmprotokoll

Tagebuch

BoD - Books on Demand

Norderstedt 2018

Bibliografische Information durch die Deutsche Nationalbibliothek

Die Deutsche Nationalbibliothek verzeichnet diese Publikation in der Deutschen Nationalbibliografie; detaillierte bibliografische Daten sind im Internet über http://dnb.dnb.de abrufbar.

Herstellung und Verlag:

BoD – Books on Demand, Norderstedt

ISBN 9-78374-8-11801-5

Lärmprotokoll-Tagebuch

Mein Name _____

Meine Wohnung _____

Straße/Hausnummer _____

PLZ/Ort _____

Beginn dieser Lärmprotokoll-Aufzeichnung _____

Dieses Lärmprotokollbuch endet _____

Weitere Daten oder Informationen

_____

_____

_____

_____

_____

_____

_____

**Lärm macht krank!!!
Will der Mieter die Miete mindern,
muss er die Situation beanstanden
und diese auch beweisen können!**

**Dieses Lärmprotokoll-Tagebuch
kann bei der Beweisführung helfen!**

Datum _____

Art der Störung/Beschreibung

_____

_____

_____

_____

_____

_____

_____

_____

Beginn der Störung/Uhrzeit

| Am Morgen | ☐ | am Mittag | ☐ |
| am Abend | ☐ | in der Nacht | ☐ |

Ende der Störung

Zeuge/n   **Unterschrift/en**

Datum _____

Art der Störung/Beschreibung

_____

_____

_____

_____

_____

_____

_____

_____

Beginn der Störung/Uhrzeit

Am Morgen	☐	am Mittag	☐
am Abend	☐	in der Nacht	☐

Ende der Störung

_____

Zeuge/n   Unterschrift/en

Datum _____

Art der Störung/Beschreibung

_____

_____

_____

_____

_____

_____

_____

_____

Beginn der Störung/Uhrzeit

Am Morgen ☐   am Mittag ☐

am Abend ☐   in der Nacht ☐

Ende der Störung

Zeuge/n   Unterschrift/en

Datum _____

Art der Störung/Beschreibung

_____

_____

_____

_____

_____

_____

_____

Beginn der Störung/Uhrzeit

Am Morgen ☐   am Mittag ☐
am Abend ☐   in der Nacht ☐

Ende der Störung

_____

Zeuge/n   Unterschrift/en

Datum _____
Art der Störung/Beschreibung

_____

_____

_____

_____

_____

_____

_____

_____

Beginn der Störung/Uhrzeit

| Am Morgen | ☐ | am Mittag | ☐ |
| am Abend | ☐ | in der Nacht | ☐ |

Ende der Störung

_____

Zeuge/n   Unterschrift/en

Datum _____

Art der Störung/Beschreibung

_____

_____

_____

_____

_____

_____

_____

_____

Beginn der Störung/Uhrzeit

| Am Morgen | ☐ | am Mittag | ☐ |
| am Abend | ☐ | in der Nacht | ☐ |

Ende der Störung

_____

Zeuge/n   Unterschrift/en

Datum _____

Art der Störung/Beschreibung

_____

_____

_____

_____

_____

_____

_____

Beginn der Störung/Uhrzeit

| Am Morgen | ☐ | am Mittag | ☐ |
| am Abend | ☐ | in der Nacht | ☐ |

Ende der Störung

_____

Zeuge/n   Unterschrift/en

Datum _____
Art der Störung/Beschreibung

_____

_____

_____

_____

_____

_____

_____

_____

Beginn der Störung/Uhrzeit

_____

Am Morgen ☐   am Mittag ☐
am Abend ☐   in der Nacht ☐
Ende der Störung

_____

Zeuge/n   Unterschrift/en

Datum _____

Art der Störung/Beschreibung

_____

_____

_____

_____

_____

_____

_____

_____

Beginn der Störung/Uhrzeit

| Am Morgen | ☐ | am Mittag | ☐ |
| am Abend | ☐ | in der Nacht | ☐ |

Ende der Störung

_____

Zeuge/n   Unterschrift/en

Datum _____

Art der Störung/Beschreibung

_____

_____

_____

_____

_____

_____

_____

_____

Beginn der Störung/Uhrzeit

| Am Morgen | ☐ | am Mittag | ☐ |
| am Abend | ☐ | in der Nacht | ☐ |

Ende der Störung

_____

Zeuge/n   Unterschrift/en

Datum _____

Art der Störung/Beschreibung

_____

_____

_____

_____

_____

_____

_____

_____

Beginn der Störung/Uhrzeit

Am Morgen	☐	**am Mittag**	☐
am Abend	☐	**in der Nacht**	☐

Ende der Störung

_____

Zeuge/n   **Unterschrift/en**

Datum _____

Art der Störung/Beschreibung

_____

_____

_____

_____

_____

_____

_____

_____

Beginn der Störung/Uhrzeit

Am Morgen ☐   am Mittag ☐

am Abend ☐   in der Nacht ☐

Ende der Störung

Zeuge/n   Unterschrift/en

Datum _____

Art der Störung/Beschreibung

_____

_____

_____

_____

_____

_____

_____

_____

Beginn der Störung/Uhrzeit

| Am Morgen | ☐ | am Mittag | ☐ |
| am Abend | ☐ | in der Nacht | ☐ |

Ende der Störung

| Zeuge/n | Unterschrift/en |

Datum _____

Art der Störung/Beschreibung

_____

_____

_____

_____

_____

_____

_____

Beginn der Störung/Uhrzeit

_____

Am Morgen ☐   am Mittag ☐
am Abend ☐   in der Nacht ☐

Ende der Störung

_____

Zeuge/n   Unterschrift/en

Datum _____

Art der Störung/Beschreibung

_____

_____

_____

_____

_____

_____

_____

_____

Beginn der Störung/Uhrzeit

Am Morgen ☐   am Mittag ☐

am Abend ☐   in der Nacht ☐

Ende der Störung

_____

Zeuge/n   Unterschrift/en

Datum _____
Art der Störung/Beschreibung

_____

_____

_____

_____

_____

_____

_____

_____

Beginn der Störung/Uhrzeit

Am Morgen ☐   am Mittag ☐
am Abend ☐   in der Nacht ☐
Ende der Störung

Zeuge/n   Unterschrift/en

Datum _____

Art der Störung/Beschreibung

_____

_____

_____

_____

_____

_____

_____

_____

Beginn der Störung/Uhrzeit

Am Morgen ☐   am Mittag ☐

am Abend ☐   in der Nacht ☐

Ende der Störung

Zeuge/n   Unterschrift/en

Datum _____

Art der Störung/Beschreibung

_____

_____

_____

_____

_____

_____

_____

_____

Beginn der Störung/Uhrzeit

Am Morgen	☐	am Mittag	☐
am Abend	☐	in der Nacht	☐

Ende der Störung

_____

Zeuge/n   Unterschrift/en

Datum _____
Art der Störung/Beschreibung

_____

_____

_____

_____

_____

_____

_____

_____

Beginn der Störung/Uhrzeit

Am Morgen ☐   am Mittag ☐

am Abend ☐   in der Nacht ☐

Ende der Störung

Zeuge/n   Unterschrift/en

Datum _____

Art der Störung/Beschreibung

_____

_____

_____

_____

_____

_____

_____

_____

Beginn der Störung/Uhrzeit

Am Morgen	☐	am Mittag	☐
am Abend	☐	in der Nacht	☐

Ende der Störung

_____

Zeuge/n   Unterschrift/en

Datum _____

Art der Störung/Beschreibung

_____

_____

_____

_____

_____

_____

_____

_____

Beginn der Störung/Uhrzeit

Am Morgen ☐   am Mittag ☐

am Abend ☐   in der Nacht ☐

Ende der Störung

Zeuge/n   Unterschrift/en

Datum _____

Art der Störung/Beschreibung

_____

_____

_____

_____

_____

_____

_____

Beginn der Störung/Uhrzeit

Am Morgen ☐ am Mittag ☐
am Abend ☐ in der Nacht ☐

Ende der Störung

Zeuge/n   Unterschrift/en

Datum _____

Art der Störung/Beschreibung

_____

_____

_____

_____

_____

_____

_____

_____

_____

Beginn der Störung/Uhrzeit

Am Morgen ☐   am Mittag ☐
am Abend ☐   in der Nacht ☐

Ende der Störung

_____

Zeuge/n   Unterschrift/en

Datum _____

Art der Störung/Beschreibung

_____

_____

_____

_____

_____

_____

_____

_____

Beginn der Störung/Uhrzeit

_____

Am Morgen ☐   am Mittag ☐

am Abend ☐   in der Nacht ☐

Ende der Störung

_____

Zeuge/n   Unterschrift/en

Datum _____

Art der Störung/Beschreibung

_____

_____

_____

_____

_____

_____

_____

_____

Beginn der Störung/Uhrzeit

Am Morgen	☐	am Mittag	☐
am Abend	☐	in der Nacht	☐

Ende der Störung

_____

Zeuge/n   Unterschrift/en

Datum _____

Art der Störung/Beschreibung

_____

_____

_____

_____

_____

_____

_____

_____

Beginn der Störung/Uhrzeit

Am Morgen	☐	am Mittag	☐
am Abend	☐	in der Nacht	☐

Ende der Störung

_____

Zeuge/n   Unterschrift/en

Datum _____

Art der Störung/Beschreibung

_____

_____

_____

_____

_____

_____

_____

_____

Beginn der Störung/Uhrzeit

Am Morgen	☐	am Mittag	☐
am Abend	☐	in der Nacht	☐

Ende der Störung

_____

Zeuge/n   Unterschrift/en

Datum _____

Art der Störung/Beschreibung

_____

_____

_____

_____

_____

_____

_____

_____

Beginn der Störung/Uhrzeit

_____

Am Morgen	☐	**am Mittag**	☐
am Abend	☐	**in der Nacht**	☐

Ende der Störung

_____

Zeuge/n   Unterschrift/en

Datum _____

Art der Störung/Beschreibung

_____

_____

_____

_____

_____

_____

_____

_____

Beginn der Störung/Uhrzeit

_____

Am Morgen ☐   am Mittag ☐

am Abend ☐   in der Nacht ☐

Ende der Störung

_____

Zeuge/n   Unterschrift/en

Datum _____

Art der Störung/Beschreibung

_____

_____

_____

_____

_____

_____

_____

_____

Beginn der Störung/Uhrzeit

_____

Am Morgen ☐   am Mittag ☐

am Abend ☐   in der Nacht ☐

Ende der Störung

_____

Zeuge/n   Unterschrift/en

Datum _____

Art der Störung/Beschreibung

_____

_____

_____

_____

_____

_____

_____

_____

Beginn der Störung/Uhrzeit

Am Morgen	☐	am Mittag	☐
am Abend	☐	in der Nacht	☐

Ende der Störung

_____

Zeuge/n   **Unterschrift/en**

Datum _____

Art der Störung/Beschreibung

_____

_____

_____

_____

_____

_____

_____

_____

Beginn der Störung/Uhrzeit

| Am Morgen | ☐ | am Mittag | ☐ |
| am Abend | ☐ | in der Nacht | ☐ |

Ende der Störung

_____

Zeuge/n   **Unterschrift/en**

Datum _____

Art der Störung/Beschreibung

_____

_____

_____

_____

_____

_____

_____

_____

_____

Beginn der Störung/Uhrzeit

Am Morgen	☐	am Mittag	☐
am Abend	☐	in der Nacht	☐

Ende der Störung

Zeuge/n   **Unterschrift/en**

Datum _____

Art der Störung/Beschreibung

_____

_____

_____

_____

_____

_____

_____

_____

Beginn der Störung/Uhrzeit

_____

Am Morgen ☐   am Mittag ☐

am Abend ☐   in der Nacht ☐

Ende der Störung

_____

Zeuge/n   Unterschrift/en

Datum _____

Art der Störung/Beschreibung

_____

_____

_____

_____

_____

_____

_____

_____

Beginn der Störung/Uhrzeit

_____

Am Morgen ☐   am Mittag ☐

am Abend ☐   in der Nacht ☐

Ende der Störung

_____

Zeuge/n   Unterschrift/en

Datum _____

Art der Störung/Beschreibung

_____

_____

_____

_____

_____

_____

_____

_____

Beginn der Störung/Uhrzeit

_____

Am Morgen ☐	**am Mittag**	☐
am Abend ☐	**in der Nacht**	☐

Ende der Störung

_____

Zeuge/n   **Unterschrift/en**

Datum _____

Art der Störung/Beschreibung

_____

_____

_____

_____

_____

_____

_____

_____

Beginn der Störung/Uhrzeit

Am Morgen ☐   am Mittag ☐

am Abend ☐   in der Nacht ☐

Ende der Störung

Zeuge/n   Unterschrift/en

Datum _____

Art der Störung/Beschreibung

_____

_____

_____

_____

_____

_____

_____

_____

_____

Beginn der Störung/Uhrzeit

_____

Am Morgen ☐   am Mittag ☐

am Abend ☐   in der Nacht ☐

Ende der Störung

_____

Zeuge/n   Unterschrift/en

Datum _____
Art der Störung/Beschreibung

_____

_____

_____

_____

_____

_____

_____

_____

_____

Beginn der Störung/Uhrzeit

| Am Morgen ☐ | am Mittag ☐ |
| am Abend ☐ | in der Nacht ☐ |

Ende der Störung

_____

Zeuge/n   Unterschrift/en

Datum _____

Art der Störung/Beschreibung

_____

_____

_____

_____

_____

_____

_____

_____

Beginn der Störung/Uhrzeit

_____

| Am Morgen | ☐ | am Mittag | ☐ |
| am Abend | ☐ | in der Nacht | ☐ |

Ende der Störung

_____

Zeuge/n   Unterschrift/en

Datum _____

Art der Störung/Beschreibung

_____

_____

_____

_____

_____

_____

_____

_____

Beginn der Störung/Uhrzeit

| Am Morgen | ☐ | am Mittag | ☐ |
| am Abend | ☐ | in der Nacht | ☐ |

Ende der Störung

_____

Zeuge/n   Unterschrift/en

Datum _____

Art der Störung/Beschreibung

_____

_____

_____

_____

_____

_____

_____

_____

Beginn der Störung/Uhrzeit

| Am Morgen | ☐ | am Mittag | ☐ |
| am Abend | ☐ | in der Nacht | ☐ |

Ende der Störung

Zeuge/n   **Unterschrift/en**

Datum _____

Art der Störung/Beschreibung

_____

_____

_____

_____

_____

_____

_____

_____

_____

Beginn der Störung/Uhrzeit

_____

Am Morgen ☐   am Mittag ☐
am Abend ☐   in der Nacht ☐

Ende der Störung

_____

Zeuge/n   Unterschrift/en

Datum _____

Art der Störung/Beschreibung

_____

_____

_____

_____

_____

_____

_____

_____

Beginn der Störung/Uhrzeit

_____

Am Morgen ☐   am Mittag ☐

am Abend ☐   in der Nacht ☐

Ende der Störung

_____

Zeuge/n   Unterschrift/en

Datum _____
Art der Störung/Beschreibung

_____

_____

_____

_____

_____

_____

_____

_____

_____

Beginn der Störung/Uhrzeit

Am Morgen	☐	am Mittag	☐
am Abend	☐	in der Nacht	☐

Ende der Störung

Zeuge/n   Unterschrift/en

Datum _____

Art der Störung/Beschreibung

_____

_____

_____

_____

_____

_____

_____

_____

Beginn der Störung/Uhrzeit

Am Morgen	☐	am Mittag	☐
am Abend	☐	in der Nacht	☐

Ende der Störung

_____

Zeuge/n   Unterschrift/en

Datum _____

Art der Störung/Beschreibung

_____

_____

_____

_____

_____

_____

_____

_____

Beginn der Störung/Uhrzeit

| Am Morgen | ☐ | am Mittag | ☐ |
| am Abend | ☐ | in der Nacht | ☐ |

Ende der Störung

Zeuge/n   Unterschrift/en

Datum _____

Art der Störung/Beschreibung

_____

_____

_____

_____

_____

_____

_____

_____

Beginn der Störung/Uhrzeit

_____

Am Morgen ☐   am Mittag ☐

am Abend ☐   in der Nacht ☐

Ende der Störung

_____

Zeuge/n   Unterschrift/en

Datum _____

Art der Störung/Beschreibung

_____

_____

_____

_____

_____

_____

_____

_____

Beginn der Störung/Uhrzeit

Am Morgen	☐	am Mittag	☐
am Abend	☐	in der Nacht	☐

Ende der Störung

Zeuge/n   Unterschrift/en